Nurse Case Manager Journal/Notebook

{ners} n. a scrub wearing, smile bringing, life saving rockstar who lives to heal and loves to encourage.

See also: SUPERHERO

This book belongs to:

____

DATE: ____________

DATE: ___________

DATE: ___________

DATE: ___________

DATE: ___________

DATE: ______________

DATE: ___________

DATE: ___________

DATE: ___________

DATE: ___________

DATE: ___________

DATE: ____________

DATE: ___________

DATE: ___________

DATE: ____________

DATE: ____________

DATE: ____________

DATE: ____________

DATE: ____________

DATE: ______________

DATE: ___________

DATE: ___________

DATE: ____________

DATE: ___________

DATE: ____________

DATE: ___________

DATE: ______________

DATE: ___________

Date: ___________

DATE: ___________

DATE: ___________

DATE: ___________

DATE: ___________

DATE: ___________

DATE: ___________

DATE: ____________

DATE: ___________

DATE: ____________

DATE: ____________

DATE: ___________

DATE: ___________

DATE: ___________

DATE: ___________

DATE: ____________

DATE: ____________

DATE: ___________

DATE: ____________

DATE: ____________

DATE: ___________

DATE: ___________

DATE: ____________

DATE: ___________

DATE: ____________

DATE: ____________

DATE: ___________

DATE: ___________

DATE: ___________

DATE: ____________

DATE: ___________

DATE: ___________

Date: ______________

Date: ____________

DATE: ___________

DATE: ____________

DATE: ____________

DATE: ____________

DATE: ____________

DATE: ____________

DATE: ___________

DATE: ___________

DATE: ____________

DATE: ___________

DATE: ____________

DATE: ___________

DATE: ___________

DATE: ___________

DATE: ___________

DATE: ___________

DATE: ____________

DATE: ___________

DATE: ___________

DATE: ___________

DATE: ___________

DATE: ___________

DATE: ___________

DATE: ___________

DATE: ____________

DATE: ___________

DATE: ___________

DATE: ___________

DATE: ____________

DATE: ____________

Date: ___________

Date: ___________

Quotes from Patients

Date

Who?

Where?

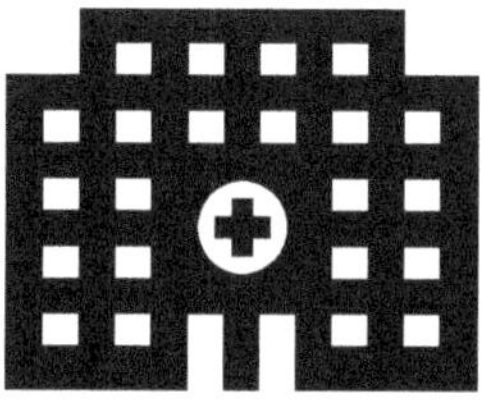

Quote

Quotes from Patients

Date

Who?

Where?

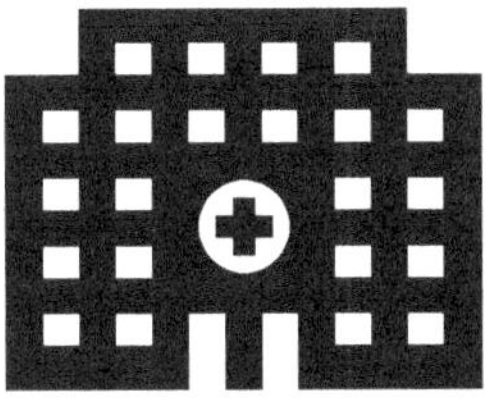

Quote

Quotes from Patients

Date

Who?

Where?

Quote

Quotes from Patients

Date

Who?

Where?

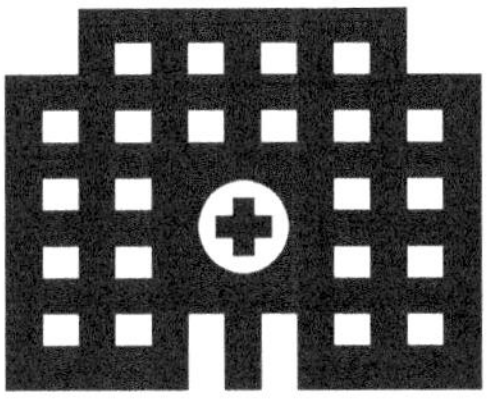

Quote

Quotes from Patients

Date

Who?

Where?

Quote

Coloring Section

Ativan A Nurse's Best Friend

Eat.
Sleep.
Nurse.
Repeat

Do Not Make Me Sedate You.

Best Nurse Ever

I'VE SEEN MORE PRIVATES THAN THE ARMY GENERAL

Living
That
Scrub
Life

Nurse Squad

If You're Happy and You Know It, It's Your Meds

www.ingramcontent.com/pod-product-compliance
Lightning Source LLC
Chambersburg PA
CBHW070438180526
45158CB00019B/1640
* 9 7 8 1 0 8 6 6 2 3 3 1 4 *